LES

DE

CORNIQUET

COMÉDIE EN DEUX ACTES

avec musique et accompagnement.

PAR

PARIS

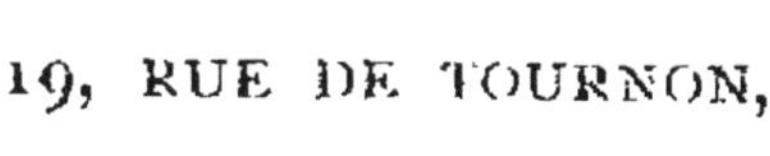

19, RUE DE TOURNON, 19.

DU MÊME AUTEUR :

PIÈCES SPÉCIALES POUR JEUNES GENS

UNE RUSE DE GUERRE

Pièce en deux actes.

In-18 raisin, 80 centimes.

LE TRÉSOR D'URSUS

Drame en un acte.

In-18 raisin, 50 centimes.

Un Oncle au Volapük.

Comédie en un acte.

In-18 raisin, 50 centimes.

LES CENT MILLE FRANCS
DE CORNIQUET
COMÉDIE EN DEUX ACTES

LES

CENT MILLE FRANCS

DE

CORNIQUET

COMÉDIE EN DEUX ACTES

avec musique et accompagnement.

PAR

H. DENIZOT

PARIS

SARLIT. — J. BRICON, SUCCESSEUR.

19, RUE DE TOURNON, 19.

1888

PERSONNAGES :

CORNIQUET, ouvrier savetier.
GROSBEC, banquier.
EUSTACHE, jeune baron.
FISCHMAL, dentiste.
ANTOINE, fantassin.
GOULU, ami de Corniquet.
BARDOU, parrain de Corniquet.
BÉCARRE, chanteur italien.
PIERRE, concierge.
LE COMMISSAIRE.
ANDRÉ, valet d'Eustache.

L'action se passe à Paris, de nos jours.

LES

CENT MILLE FRANCS

DE CORNIQUET

ACTE PREMIER

Le théâtre représente la chambre de Corniquet. — Porte principale au fond ; un coucou au mur ; une cruche sur le bahut ; établi et outils de cordonnier, un petit baquet, etc.

SCÈNE I.

CORNIQUET.

(Assis à son établi, travaille en chantant.)

Tra la la la la, tra la la la la lère, et tra la la la ! Ouf !... c'est fini ! Je crois que M. Eustache sera content... Faut-il être riche pour porter des souliers vernis comme ceux-ci !... C'est vraiment dommage de marcher dans la poussière avec de pareils petits bijoux... Moi, si ça m'appartenait, je mettrais ça sous globe, sur ma cheminée !... Oh ! si je deviens riche à mon tour, c'est pas des souliers que je porterai, mais des bottes, hautes de ça !... avec des talons Louis XV ou XVI, et des clous dorés sous les semelles !... Enveloppons ça dans du papier de soie... Voilà l'affaire !.. *(Il dépose le paquet sur le bahut.)* Maintenant, passons à un autre article !... *(Il prend un vieux soulier.)* Oh ! oh ! voilà un brodequin qui a droit à sa retraite !... C'est une chaussure à soupape !... Mais, bah ! je travaille pour tout le monde ; je fais le jeune et le vieux, et la semelle usée à l'atelier n'en vaut pas moins que celle usée par le pavé des boulevards !.. Tout ça va dans mon baquet fraterniser à la fraîche !.. Mais, quelle heure à mon cadran ?... Oh ! deux heures de relevée ! comme on dit chez les notaires ! Deux heures, et pas encore déjeuné ; bah ! économie n'est pas vice, comme dirait mon parrain ; une bonne gorgée de sirop de grenouille, ça donne du nerf ! *(Il porte sa cruche à la bouche.)* Bon, plus une goutte !... Ma foi, tant pis !... Un lundi, les flâneurs ne sont pas rares dans la rue, je n'y descendrai pas, et puisque je suis bien en train de piocher, il faut continuer... travaillons ! *(Il reprend son chant en battant la semelle.)* Tra la la lère, lère, tra la la la !..

SCÈNE II.

CORNIQUET, ANTOINE.

ANTOINE.

(Il est en fantassin, porte sur la poitrine la médaille du Tonkin. Il s'arrête au fond en faisant le salut militaire.) Môsieur Corniquet, de la Bobotte, Haute-Marne, cordonnier de son état, est-il zici, soûplaît ?

CORNIQUET.

C'est moi ! *(Se retournant.)* Ah ! nom d'un élastique ! c'est le cousin !.. le cousin Antoine ! *(Il se lève.)*

ANTOINE *(au fond.)*

En chair zet en os !... en eau surtout, car il fait z'une chaleur nonobstant !... Alorss, que l'on peut pénétrère de dedans tes pénatres ?

CORNIQUET.

Mais entre donc ! *(Ils se donnent une poignée de main et s'embrassent.)* Ah ! cousin, quelle surprise !! *(Il le toise des pieds à la tête.)* Sais-tu que tu as joliment changé ?

ANTOINE *(se posant.)*

Oui, oui; à présent que je suis t'un assez bel homme !

CORNIQUET.

Et ça donc, que je n'avais pas vu, t'as la médaille ?...

ANTOINE.

Du Tonkin, oui, cousin !

CORNIQUET.

T'as été au Tonkin !... On dit que c'est fameusement loin, ces pays-là.

ANTOINE.

Si loin, mon cher, que quand on est arrivé là-bas, qu'il faut faire encore autant de chemin pour revenir ici !

CORNIQUET.

Et, t'as fait la bataille ?...

ANTOINE.

Jour zet nuit !.. que c'était notre seul divertissement entre nos repas.

CORNIQUET.

Raconte-moi donc ça ; tiens,.. v'la un banc, seois-toi, cousin.

ANTOINE.

Que je préfèrerais renifler un coup zà boire, attendu que j'ai z'attrapé, par là-bas, une pépie intermittente et indiscontinuelle et que ça me taquine l'épigastre.

CORNIQUET.

Et rien à t'offrir ici,... Ma foi, tant pis !... On va descendre, c'est pas tous les jours qu'on reçoit un cousin du Tonkin ! *(On entend une voix dans la rue. Hé! Niquet!)* Bon, voilà Goulu, un copain qui m'appelle ! Réponds-lui donc que je ne suis pas là.

ANTOINE.

Laisse faire... que je vas te l'évincère en deux temps. *(Il va à la fenêtre et criant :)* Hé ! l'ami !... le cousin Corniquet me dit de vous dire qu'il est sorti depuis ce matin ! *(En revenant à Corniquet.)* Ça y est !

CORNIQUET.

C'est que je le connais, Goulu... ce n'est pas un homme, c'est une éponge... un tonneau des dynamydes ! *(Il ôte son tablier de cuir.)* Là, à présent,ma coiffure de cérémonie *(il se coiffe d'une vieille casquette)*, et filons par l'escalier de service. *(Au moment où ils vont sortir, Goulu paraît au fond.)*

SCÈNE III.

LES MÊMES, GOULU.

CORNIQUET *(à Antoine.)*

Trop tard !... pincés !

GOULU *(entrant.)*

Eh ben ! on évite les amis ?.. C'est donc joli ça !.. J'savais ben que t'étais pas sorti ; je t'aurais ben vu passer, attendu que je suis depuis ce matin chez le débitant en face. *(A Antoine.)* Le guerrier voulait donc faire une niche à Bibi ? *(Il lui porte une botte en riant.)*

ANTOINE *(avec hauteur.)*

Jeune pébleyen, que je vous obtempère de me respecter incontinent.

GOULU *(se découvrant.)*

Suffit, on s'excuse, mon capitaine.

ANTOINE *(flatté.)*

Tout de même, que ce personnage il est très convenable.

CORNIQUET.

Voyons, que viens-tu faire ici ?.. me débaucher comme tous les lundis, dis ?

GOULU *(riant.)*

Didi ?... tu dis Brididi ?... *(A Antoine.)* Voilà les amis ; je lui apporte une flûte de rhum de la Jamaque, histoire de trinquer en causant du métier... c'est-y un crime, ça, dites, mon colonel ?

ANTOINE *(très flatté.)*

Que je n'ai pas celui de vous connaître depuis longtemps, mais que je vous estime déjà ainsi que père zet mère ! *(Il lui serre la main, en regardant du coin de l'œil sa bouteille.)*

GOULU.

A la bonne heure ! donc. Voyez-vous, mon général *(Antoine salue)*, j'en ai peut-être pas l'air... mais, j'aime l'armée de mon pays. On peut faire le lundi, ça n'empêche pas d'être chauvin, pas vrai ?.. Vive l'armée !.. et les vrais amis ! *(Il donne la bouteille à Corniquet, qui verse dans trois petits verres.)*

ANTOINE.

Bourgeois, que je vous la réciproque ! *(Ils se serrent la main.)*

CORNIQUET.

Alors, trinquons de bonne amitié, à la santé du cousin Antoine !

GOULU *(à Antoine.)*

Vous vous appelez Antoine ?...

ANTOINE.

De père zen fils, sans préjudice de mon parrain, qui me l'a zoctroyé de dessur le fond baptismal.

GOULU *(pensif.)*

Antoine !... c'était aussi le nom de mon pauvre frère. Il est resté là-bas, lui, au Tonkin. Et quand je pense que c'est à cause de moi qu'il est parti, qu'il est tombé... *(Il porte son mouchoir à ses yeux.)*

CORNIQUET.

Allons, pas de tristesse, hein ?. Ce qui est arrivé devait arriver alors...

GOULU.

Non, te dis-je, c'est ma faute !... Parce que notre vieille mère avait un faible pour moi, à cause que j'étais pâle et maladif, lui, le brave frère, est parti à ma place, et quand je songe que je ne le reverrai jamais... jamais... ah ! chenapan que je suis, va !.. *(Il pleure.)*

ANTOINE *(s'essuyant l'œil.)*

Voyons, s'agit de faire une conversion !..Assez causé là-dessus, ou je fais demi-tour. Verse, cousin Corniquet, et, à la mémoire de l'absent, qu'il est tombé z'au champ de la gloire et de l'honneur ! *(On trinque et l'on boit.)*

CORNIQUET.

A présent, s'agit de savoir ce que nous allons faire de notre journée. Les souliers du jeune baron sont prêts, c'est l'essentiel ! et je propose une partie de pêche, extra-muros !

ANTOINE.

Oùsque ça se trouve cet endroit-là ?

CORNIQUET *(riant.)*

Dans les environs de partout.

GOULU.

Ça pourrait durer longtemps. Moi, je propose un lapin aux carottes, chez la mère Françoise.

ANTOINE.

Quant à moi, je propose une visite à la cage des singes, dont que j'en ai envoyé zun que j'ai rapporté de là-bas, et que je voudrais savoir s'il se porte bien apparemment !

CORNIQUET.

Une idée, on va tirer au sort lequel aura gain de cause !

ANTOINE et GOULU.

Ça va !

CORNIQUET.

Écrivons sur trois carrés de papier, que l'on mettra dans le képi d'Antoine. Voilà un crayon !.. Du papier à présent.*(Ils cherchent dans leurs poches.)*

ANTOINE.

Que ça me manque profondément !

GOULU.

Je n'ai même plus de papier à cigarettes.

CORNIQUET.

C'est ennuyeux de descendre cinq étages !... *(Il prend un billet de loterie épinglé au mur.)* Voilà l'affaire ;... un vieux billet de loterie,... ça ne sert à rien,... c'est de l'argent perdu, vu qu'on ne gagne jamais. *(Il le sépare en trois et écrit.)* Voyons, d'abord : le lapin, *(il écrit, Goulu plie;)* ensuite : les singes ! puis, la pêche !.. Voilà qui est rédigé ! Donne ton képi, cousin,... là, tout dedans !.. et tire toi-même ; le billet restant gagnera !

ANTOINE *(tire et lit.)*

Le lapin !

GOULU.

Bon, mon lapin est sauté !

ANTOINE *(même jeu.)*

La pêche !

CORNIQUET.

La pêche n'a pas mordu.

ANTOINE *(riant.)*

Que je vous parie quelque chose que c'est moi que je gagnerai si ça continue ! *(Il tire.)* Les singes !!

GOULU.

Alors, vivent les singes !... Arrosons les singes !. *(Il verse.)* A la santé du chimpanzé, du cousin et de tous ses parents !

ANTOINE.

Hé, l'ami, que vous insinuez que, si je ne m'abuse vulglairement, mes parents sont des singes ?..

GOULU.

Faites excuse, M'sieu Antoine, j'entends : le singe et ses parents. *(Riant.)* Ah ah ah !.

CORNIQUET *(riant.)*

Hein, le cousin qui se pique !

ANTOINE.

Que c'était une plaisanterie !... Donc, pour lorss, à la félicité de mon ouistiti. *(Il boit.)*

CORNIQUET.

Voilà un petit rhum agréable au palais !... *(Il fait claquer sa langue.)*

ANTOINE *(qui n'a pas compris.)*

Au palais et à la caserne. C'est un velours de soie !

GOULU.

Un vrai miel de Sorbonne !

CORNIQUET *(riant.)*

Narbonne, veux-tu dire ! Ah ah !

GOULU.

Ça finit de même par : bonne !.. Donc, puisque la chose l'est, *bonne*, faut pas en laisser. Ce soir, ça ne vaudrait plus rien du tout.

ANTOINE.

C'est mon avisse ! Jeune homme, que vous feriez un bon conseiller civil et même militaire ! *(Versant.)* Tarissons le récipient.

CORNIQUET.

Et, après, en route pour le palais des singes ! *(On trinque et boit.)*

SCÈNE IV.

LES MÊMES, PIERRE.

(Il a des lunettes sur le nez, un plumeau sous le bras, tablier bleu, tabatière au gousset.)

PIERRE *(saluant.)*

Faites excuse, Messieurs, si je m'immisce...

CORNIQUET.

M. Pierre, notre invulnérable pipelet.

ANTOINE *(à Goulu.)*

Que c'est comme qui dirait l'adjudant du casernement.

PIERRE *(avec force saluts.)*

Pour vous servir, Messieurs, à toute heure du jour, de la nuit, de l'aurore et du crépuscule.

ANTOINE *(à Goulu.)*

Qu'il parle de capsules ?...

PIERRE *(humant de tous côtés.)*

Hum !.. ça embaume le rhum ici !

ANTOINE.

Que le particulier zil a du flair !

GOULU.

Voulez-vous la rincelette, père Pierre ?

PIERRE *(hésitant.)*

C'est trop d'honneur, Messieurs, mais, si Cunégonde, mon épouse, s'apercevait que j'ai pris quelque chose sans elle....

CORNIQUET.

Dites-moi donc ce qui vous amène ici, père Pierre ?...

PIERRE.

Voilà !.. c'est les souliers de M... Eustache que je

viens prendre, dont que vous deviez poser des œillets, sauf, vot respect, qu'il attend, attendu qu'il va faire un voyage.

ANTOINE *(à Goulu.)*

Que voilà zun style d'une pureté !..

GOULU.

Pas surprenant, les concierges et les facteurs, ça vit dans les lettres ! *(On rit.)*

CORNIQUET.

Voici la chose, père Pierre... N'allez pas l'égarer en route !..

PIERRE.

Soyez tranquille, M. Corniquet, je n'ai à descendre que quatre étages... Ah !.. j'oubliais... M. Eustache vous paiera ça plus tard .. avec autre chose qu'il a dit !

CORNIQUET.

Ça ne presse pas ! j'ai confiance ; je ne roule pas sur l'or, mais je peux attendre !..... Ah ! si j'avais en poche tout ce qui m'est dû par le quartier !... Mais, dites-moi, père Pierre, mes amis et moi, nous allons faire une visite aux sin... à des personnes du monde ; or, pendant que vous êtes ici, donnez donc un coup de balai à mon immeuble, hein ?

PIERRE.

Tout à votre service, M. Corniquet, à votre service. Seulement, en passant devant la loge, dites à Cunégonde, mon épouse, qu'elle ne s'impatiente pas de mon absence, s. v. p.

CORNIQUET.

Entendu ! Allons, en route! les amis... Au revoir, père Pierre, et à ce soir !

LES AUTRES.

Au revoir, M. Pierre.*(Ils sortent.)*

SCÈNE V.

PIERRE *(seul.)*

Serviteur, Messieurs ! *(Après un silence, il va prendre la bouteille.)* Ils sont partis... Ma foi, je n'y résiste plus ! *(Il boit au goulot.)* Fameux, le rhum !.. Ils en ont ma foi laissé une bonne part... Ne faisons pas comme eux ! *(Il boit.)* Fameux tout à fait! Cunégonde dira ce qu'elle voudra, mais l'occasion fait le Baron. *(Il range et ensuite balaye.)* En parlant de Baron, paraît que le nôtre du premier a renvoyé tous ses domestiques; ça me paraît louche, et si j'en crois la cuisinière qui parlait avec le cocher, qui causait avec la femme de chambre, qui causait avec ma femme, les affaires du Baron ne brillent guère... Moi, ça ne me regarde pas; je ne me mêle jamais des affaires des autres ; c'est un bon principe !.. J'entends dire, j'en cause à qui m'en parle, voilà tout...*(Il prend une prise.)* Là,... tout est balayé, rangé, épousseté, que l'on dirait à présent une chambre à 350 francs. Où donc mettre ces balayures ?... Des bouts de cuir, ça se vend bien au bout de l'an, bah ! dans mon tabelier donc ! *(Il les y met.)* Là ! Cunégonde va s'amuser à trier tout ça, et les non-valeurs, à la boîte de M. Poubelle. *(Fausse sortie.)* Il y a plus rien dans la bouteille? *(Il la regarde.)*Non,. c'est dommage,... c'était du fameux...*(Voix de Corniquet ; il va regarder au fond.)* Tiens ! qu'est-ce qu'il a donc, le cordonnier? il grimpe l'escalier quatre à cinq. Il aura oublié son mouchoir de poche, ben sûr !

SCÈNE VI.

CORNIQUET, PIERRE.

CORNIQUET *(dehors.)*

Oui, que je dis, je me le rapelle bien,... c'est le mien... *(Il entre précipitamment, tête nue, défait, il bouscule Pierre.)* Laissez-moi donc passer! *(Il regarde à terre.)* Oui, à cette place, j'en suis sûr, trois morceaux... Ah! père Pierre, vous avez trouvé, n'est-ce pas? Sur l'un, le lapin, l'autre, les singes, la pêche... mais répondez donc.

PIERRE *(ébahi.)*

Il est fou !..

CORNIQUET.

Là dedans...*(Il ouvre le tablier de Pierre, et se met à genoux devant les balàyures qui s'en sont échappées.)* Il y est, vous dis-je ! Aidez-moi donc, cherchez,... trois morceaux !.. En voici un !... deux !... l'autre, où est-il?...*(Il cherche.)*

PIERRE *(à part.)*

Oh ! ça n'est pas naturel ça,... et je m'en vas prévenir l'arracheur de dents de l'entresol. *(Il sort.)*

SCÈNE VII.

CORNIQUET *(seul.)*

Cent mille francs, à moi,.. je le sais par cœur depuis longtemps : c'est le 10842, c'est le mien.. Je l'ai déchiré et j'ai gagné,.. gagné cent mille francs ! Oh! ce morceau qui manque, où le trouver ?. . . J'aurais cent mille francs !.. Oh ! ce Pierre, s'il l'a égaré, malheur à lui !.. Ah ! le voici enfin !. . .*(Il va à l'établi et rapproche les morceaux du billet.)* Un, deux, trois, c'est bien cela, 10842, il est sorti et c'est le mien ! c'est moi... *(S'arrêtant tout à coup.)*Mais, fou que je suis !... il est déchiré, anéanti,... Ah ! malheureux !.. crétin !... misérable !! *(Il tombe sur son siège, la tête dans les mains.)*

SCÈNE VIII.

CORNIQUET, ANTOINE, GOULU, puis PIERRE et FISCHMAL.

GOULU *(apercevant Corniquet assis.)*

Il est là !. . . *(A Antoine, du fond.)* Arrivez, M. Antoine.

ANTOINE *(paraissant; il va à Corniquet.)*

Que c'est zune conduite vexatoire de laisser les amis à la dérive ! *(Corniquet ne bouge pas.)*

GOULU *(le secouant.)*

Hé ! Niquet, tu dors ?. . . .

ANTOINE.

Que je crois que le petit riquiqui, il lui a mis la potiche à l'envers !

CORNIQUET *(rêvant.)*

Perdus !... perdus !...

ANTOINE *(riant, à Goulu.)*

Il croit qu'il nous a perdus! *(A Corniquet.)* Cousin,... que nous sommes-là !... C'est moi, Antoine...

CORNIQUET *(se levant.)*

Hein ?... Ah ! c'est toi... Va-t-en !... Oui, c'est ta faute; pourquoi es-tu venu ici ?... J'étais riche ce matin;... à présent, rien, plus rien !

ANTOINE.

Je crois ben qu'il a z'avalé un n'hanneton !

GOULU.

Si c'est ça, j'apporterai plus de rhum !

PIERRE *(à la cantonade.)*

Par ici, docteur, par ici !

FISCHMAL *(entrant.)*

Messieurs. *(Il salue.)* Où est le sujet ? *(Apercevant Corniquet.)* Le voici, sans doute. Asseyez-vous, mon ami ! *(Il le fait asseoir.)*

CORNIQUET *(hébété.)*

Qui êtes-vous ?... Que voulez-vous ?...

FISCHMAL.

Vous guérir, mon ami !

CORNIQUET.

Me guérir... Jamais !

FISCHMAL.

Voyons, ouvrez la bouche !

CORNIQUET *(se levant.)*

Laissez-moi.... ne m'approchez pas, ou je mords !

ANTOINE.

Qu'il est z'enragé nonobstant.

PIERRE.

Si on prévenait M. Pasteur?...

FISCHMAL.

Laissez-moi faire. *(A Corniquet.)* Allons, mon ami, soyez calme. Comment !

ANTOINE.

Voilà ce que c'est, bourgeois ; on avait convenu d'aller voir mon singe....

FISCHMAL.

Abrégez !

ANTOINE.

Non, pas à Brégé ; au jardin des plantes alorss.....

PIERRE *(s'avançant.)*

Pardon, si je m'immisce..

GOULU *(le repoussant.)*

A peine avions-nous fait dix pas, que l'on entend crier: Demandez la liste officielle des numéros gagnants de la loterie de Chandernagor : cinq centimes, deux sous !

CORNIQUET.

La voici ! *(Il laisse échapper un papier froissé.)*

ANTOINE.

Que le cousin il l'achète, la regarde de bas en hausse, fait comme ça : ... Ah !... et s'en sauve ventre à terre, comme si qu'il aurait entrapercevu une légion de Pavillions noirs à ses trousses; même qu'il a zoublié de payer le marchand de listres zofficielles !...

CORNIQUET *(à lui-même.)*

Cent mille francs !...

FISCHMAL *(à part.)*

Tiens, tiens... *(Haut.)* Et alors ?...

CORNIQUET.

Mais vous ne comprenez donc pas que j'ai gagné le gros lot, cent mille francs ?

TOUS.

Cent mille francs !

CORNIQUET.

Et mon billet, déchiré, en pièces, regardez, le voilà !

PIERRE *(à part.)*

Et je l'avais dans mon tabelier... si j'avais su !...

FISCHMAL.

Tout n'est peut-être pas perdu.... Voyons donc ! *(Il rassemble les morceaux.)*

ANTOINE.

Que nous pouvons témoignère qu'il a zété déchiré devant nous.

PIERRE.

Même que je l'ai balayé moi-même.

FISCHMAL *(à Corniquet.)*

Jeune homme, félicitez-vous de m'avoir fait demander. Je me charge de vous faire compter le montant de votre titre, tout comme s'il était intact.

CORNIQUET.

Vous, Monsieur ?...

FISCHMAL.

Avec l'appui du Baron, mon ami, qui n'a rien à me refuser ; d'autant, je crois, qu'il fait partie de la commission d'organisation de cette loterie.

ANTOINE.

Voilà un fameux z'hasard !

CORNIQUET.

Ah ! Monsieur le docteur, tant de complaisance, de bonté !... Vous me connaissez à peine !...

FISCHMAL.

Je sais que vous êtes un bon jeune homme, et je m'intéresse toujours à ceux qui ont de ça ! *(Il frappe sur son cœur; à part, indiquant de l'argent :)* et de çà !

ANTOINE *(à Goulu.)*

Que voilà zun brave homme !

CORNIQUET.

Ah ! M. vous me rendez la vie, et si je touche mes cent mille francs, je me connais, moi, je suis capable de vous en donner la moitié.

FISCHMAL *(riant.)*

C'est trop, mon ami, beaucoup trop ! Je ne demande rien ; le plaisir de vous être agréable....

CORNIQUET.

Et utile, on peut le dire. Mais, vous ne pouvez pas me refuser.... ne serait-ce que... dix mille francs, voyons, je suis raisonnable ?...

FISCHMAL.

Point ! J'accepterai une aumône en faveur de mes pauvres, voilà tout.

CORNIQUET.

Brave homme de docteur !. *(Aux autres.)* Hein, quel cœur d'or ?..

FISCHMAL.

C'est tout naturel ! Un service que l'on fait payer est une spéculation, et je ne suis pas un spéculateur.

CORNIQUET.

Oh ! ça se voit bien tout de suite.

FISCHMAL

Tranquillisez-vous, jeune homme ; comptez sur mon zèle et mon dévouement.

CORNIQUET.

Tenez, voilà les débris ! Dire que ces trois loques valent cent mille francs ! Ayez-en bien soin, docteur ! *(Il remet à Fischmal les morceaux que celui-ci renferme dans son portefeuille.)* Ah ! mes amis, mes bons amis, je suis riche, que je suis heureux !... Tenez, il faut que je vous embrasse tous! *(Il les embrasse.)*Et vous aussi, père Pierre. *(Il l'embrasse.)*Oh ! vous sentez le rhum !

PIERRE *(s'esquivant.)*

Je m'en vas raconter ça dans la maison. *(Il sort en se frottant les mains.)*

SCÈNE IX.

LES MÊMES, moins PIERRE.

CORNIQUET.

Je suis riche ! Mais riez donc, les amis ! soyez heureux aussi, car vous en profiterez comme moi de ma fortune. Ah ! nous allons joliment nous en donner, allez ! D'abord, au diable la manique et le tire-pied. *(Il renverse d'un coup de pied son établi.)* Et ce vieux coucou, à la ferraille, le coucou ! *(Il l'arrache du mur et le jette dans un coin.)* Et cette vieille cruche,... plus souvent que je la garderai. De l'eau, c'est bon pour les mercenaires; au tas la cruche! v'lan !! *(Il la brise contre le mur.)*

ANTOINE.

Que je crois qu'elle est fêlée !

GOULU.

Un si beau meublier, c'est dommage !

CORNIQUET.

Allons donc ! Je suis riche, faut faire marcher le commerce, donner de la besogne aux ouvriers,... aux pauvres ouvriers qui n'ont que leur métier pour vivre ; tandis que moi.... Ah ! tenez, je veux avoir des chevaux, des voitures, des locomotives ; tout ce qu'il y a de bon, de beau, tous les plaisirs, toutes les douceurs, quoi ! Pour commencer, je vous invite tous à la grande fête que je veux donner dès demain. *(A Fischmal.)* Aurai-je mon argent demain, cher docteur?

FISCHMAL.

Hum ! demain, c'est prématuré ; mais, qu'à cela ne tienne, nous vous ferons des avances. J'ai un banquier qui vous servira tous les fonds dont vous aurez besoin.

CORNIQUET.

Oh ! le brave banquier ! Il faut l'inviter ! Alors, c'est dit, les amis, je compte sur vous tous demain.

TOUS.

Accepté !

SCÈNE X.

LES MÊMES, EUSTACHE.

EUSTACHE.

Qu'apprends-je ?... Notre voisin, M. Corniquet, a fait fortune ? M'est-il permis de lui présenter mes félicitations ?...

CORNIQUET.

Vous, M. le Baron, chez le savetier?...

EUSTACHE.

Mon ami, de nos jours, il n'y a plus de castes, comme dit le Baron mon père !... Je suis noble, vous êtes riche.

CORNIQUET.

Oui, M. Eustache, riche, j'ai cent mille francs à moi !

FISCHMAL *(bas à Eustache.)*

Il devrait dire : à nous !

EUSTACHE.

Mais, ne parlait-on pas de fête, de réception ?...

FISCHMAL.

En effet, mon cher Eustache, notre ami, M. Corniquet, donne à dîner demain même.

CORNIQUET.

Tout ce qu'il y a de meilleur ! Une table à quinze rallonges au moins... vous verrez ça !.. Tenez, docteur, je vous charge du menu !

FISCHMAL.

C'est beaucoup d'honneur ! J'accepte, et me mets à vos ordres pour tout ce que vous pourrez désirer.

CORNIQUET.

Mes billets de mille d'abord.

FISCHMAL.

Je cours de ce pas chez Grosbec, le banquier, qui comptera les espèces.

CORNIQUET.

Ensuite, des fournisseurs de premier ordre : tailleurs, bijoutiers, chapeliers, même, un bottier higelife.

EUSTACHE.

Je me chargerai de ces détails, si vous le permettez, car je vous préviens que je m'invite ; je veux être des heureux de votre fête !

CORNIQUET *(ravi.)*

M. le Baron, vous en serez l'ornement

FISCHMAL *(à part.)*

En attendant, je tiens la caisse !

ANTOINE *(à Goulu.)*

C'est égal, que voilà de bien braves gens

(Le rideau baisse.)

FIN DU PREMIER ACTE.

DEUXIÈME ACTE.

Un salon chez le Baron. — Service de thé, sièges, etc. Verres à champagne.

SCÈNE I.

EUSTACHE, FISCHMAL, ANDRÉ.

(Ce dernier passe et repasse au fond, de gauche à droite, le plateau garni à l'aller, et vide au retour; Eustache et Fischmal sont assis et causent.)

EUSTACHE.

Oui, cher ami, je vous félicite ! Vous avez été simplement magnifique dans cette affaire.

FISCHMAL.

Et vous donc, mon cher Eustache, une trouvaille que cette idée de donner cette fête dans votre salon.

EUSTACHE.

Le départ du Baron, mon père, devant rester ignoré le plus longtemps possible, j'ai saisi au vol cette occasion de laisser croire à une réception chez lui.

FISCHMAL.

Et pas encore de nouvelles ?

EUSTACHE.

Dès son arrivée à Bruxelles, mon père me fait savoir par téléphone, et par une phrase choisie, qu'il est en sûreté, et m'indique ce qu'il nous reste à faire !

FISCHMAL.

Ah ! ces bienheureux cent mille francs arrivent à souhait ! Grâce à cette veine inespérée, nous pourrons échapper aux poursuites de ceux qui nous harcellent.

EUSTACHE.

Il en est temps !.. Chaque minute qui s'écoule me plonge dans des transes !.. Et Grosbec ?..

FISCHMAL.

Il mange depuis trois heures !... sans se douter le moins du monde du tour que nous leur préparons à tous.

EUSTACHE.

Vous dites qu'il a sur lui les fonds ?

FISCHMAL.

Je les ai vus !.. un portefeuille... monstre ! Quatre-vingt-dix mille francs ! Il en prélève dix mille pour sa commission.

EUSTACHE.

Que cela ?.. allons, c'est fort raisonnable. Or, donc, qu'ici l'on ne se doute de rien !.. Menons la fête jusqu'au signal de mon téléphone, et la partie est gagnée !

FISCHMAL.

Nous pouvons compter sur André ?

EUSTACHE.

C'est l'être le plus discret. Il connaît les affaires du Baron mon père comme les siennes. Aussi l'ai-je gardé ici, afin qu'il ne puisse nous nuire au-dehors.

FISCHMAL.

Cela est très correct !

EUSTACHE.

Ce n'est pas tout, Pierre, le concierge,qui est bavard comme une pie, est affublé de la livrée de Baptiste. J'en ai fait un nègre, et l'ai placé en sentinelle avancée sur le balcon du pavillon, afin de me signaler l'arrivée d'un général que j'ai censément invité. *(Il rit.)*

FISCHMAL.

De mieux en mieux !*(A André, qui s'arrête au fond.)* Que veux-tu, André ?

ANDRÉ *(un plateau vide à la main.)*

Messieurs, les provisions sont épuisées, et les convives réclament la suite !

EUSTACHE *(riant.)*

Ah ! parbleu ! voilà de fameuses fourchettes !.. Ils sont là quinze qui mangent et boivent comme trente. *(A André.)* Fais venir, André, fais venir, et sers toujours ! Ah ! dis-moi, tes rafraîchissements ?

ANDRÉ.

Sont prêts.

EUSTACHE.

Prépare le thé, le champagne... et ton salon de jeu ?

ANDRÉ.

Est équipé selon les ordres de M. le Baron.

EUSTACHE.

C'est bien ; je jouerai pour toi cette nuit. Combien peux-tu perdre ?

ANDRÉ.

M. le Baron peut disposer de mes économies, trente louis environ.

EUSTACHE.

Je t'en gagnerai deux cents. Donne cela, André, et surtout, soigne bien ma marque.

ANDRÉ *(donne sa bourse.)*

M. le Baron me connaît.

EUSTACHE.

Laisse-nous ! *(André salue et sort ; à Fischmal.)* Trente louis de plus !

FISCHMAL.

C'est du génie ! Décidément, je ne suis qu'un élève près de vous ! *(Il lui serre la main.)*

EUSTACHE.

Peuh !.. trente louis, une misère !.. Ah ! si le temps me le permet, cette nuit, ces trente louis m'en rapporteront cinq cents. André sera là, il marque au jeu d'une façon toute particulière. *(Riant.)* Ah, ah, ah, ah ! et ce sot de Corniquet apprendra à ses dépens ce qu'il en coûte de jouer au grand seigneur.

FISCHMAL *(riant.)*

En définitive, ses écus ne pourraient trouver meilleur refuge que le gousset de gens bien élevés tels que nous !

EUSTACHE *(écoutant.)*

Mais, on vient ; regagnons la table, et motus ! *Ils sortent bras dessus bras dessous.)*

SCÈNE II.

ANTOINE, GOULU.

(Antoine, tête nue, serviette au cou, un couteau à la main droite, une grande tartine de confitures à la gauche. Goulu, en grande redingote, gilet jaune, pantalon blanc, tête nue, croque des mendiants qu'il tire de ses poches.)

GOULU *(paraissant.)*

Par ici, M. Antoine !

ANTOINE.

Me voilà !... que c'est zune vraie caserne civile ici !

GOULU.

Quel lusque, et surtout quel menu !

ANTOINE.

Que c'est meilleur que l'ordinaire de la gamelle !

GOULU.

Ce bon Corniquet a bien fait les choses ; au moins quinze plats !

ANTOINE.

Et des vins !... des nectars, quoi ! *(Regardant autour de lui.)* Gageons que c'est dans cette chambre que l'on va prendre le couscoussou.

GOULU.

Fectivement, v'là des tasses.

ANTOINE.

Regarde donc, camarade, auprès du sucrier,... y a des pincettes en argent.

GOULU.

A quoi ça peut-il servir ça ?

ANTOINE.

Que c'est peut-être des petites mouchettes, pour les chandelles.

GOULU.

Alors, on va rester tard ici. C'est dommage de n'avoir déjà plus faim.

ANTOINE.

Heureusement que l'on a zencore soif !.. Allons donc voir si les employés ils ont apporté des vins nouveaux.

GOULU.

Ça y est !... mais faudra pas les boire dans les petits verres, ça ne tient rien du tout !

ANTOINE.

C'est égal, quand je vas raconter ça au caporal d'escouade... *(Ils remontent en riant.)*

SCÈNE III.

LES MÊMES, ANDRÉ et BARDOU.

ANDRÉ *(introduisant Bardou.)*

Si M. veut prendre la peine de s'asseoir ici un instant, je vais avoir l'honneur de prévenir M. de Corniquet !

BARDOU *(accent paysan.)*

Vou êtes ben honaite, j'sons point pressai, prenais

vout temps, da. *(André sort ; apercevant Antoine et Goulu :)* Ben vot sarviteur, Messieurs, ne vous dérangeais point pou mé. *(Il accroche son chapeau à une applique et s'assied à table.)* Vous m'attendiais point, pas vrai, mais, quand jons li dans les journals que mon fieu aviont gagné cent mille francs, je m'ai dite : faut allai l'voir c'téfant, ça l'y fera ben plaisi, et mé itou dà ! *(Il regarde de tous côtés.)*

ANTOINE *(à Goulu.)*

Que c'est le parrain du cousin Corniquet.

GOULU.

Faudrait peut-être le prévenir.

ANTOINE.

Que j'allais y penser. *(à Bardou.)* M. le bourgeois, vous ne me reconnaissez pas, attendu que vous ne m'avez jamais vu, mais il est bon de vous dire que c'est moi que je suis Antoine, le cousin du cousin Corniquet.

BARDOU *(se levant)*

Antoine,... tu serais le fi à Antoine, de la Bobotte ?.. Embrasse-moi donc, mon garçon. *(Ils s'embrassent.)* Là !... Et la famille va ben, les onques, les tantes, cousins, cousines ?.. mais parle donc ..

ANTOINE.

Que tout le monde il se porte à souhait, sauf mon ouistiti, dont que j'ignore l'état, vu que, hier, je devais lui rendre une visite...

BARDOU.

C'est dont un nouveau venu de la famille, que je n'en ont point core entendu parlai ?

ANTOINE.

Nouveau venu, c'est le mot, et que je vous ferai faire sa connaissance un de ces jours. *(On entend la voix de Corniquet : Où est-il, ce cher parrain ?)*

BARDOU *(écoutant.)*

Ça, c'est le galoubet de mon fieu, j'gageons ben !

SCÈNE IV.

LES MÊMES, CORNIQUET.

(En habit de cérémonie. Il pousse devant lui André.)

CORNIQUET.

Vous êtes un niais, et je vous chasserai !.. Vite un couvert ! Et pas un mot ! Allez ! *(André salue et sort.)* Ces valets sont d'une maladresse... *(Voyant Bardou.)* Mais, oui... c'est lui, mon bon parrain, ah ! quel bonheur inattendu !

BARDOU *(riant.)*

C'est-y de moué, ou ben de ton argent que te parles?

CORNIQUET.

Oh !. parrain, la joie me fait perdre la tête !

BARDOU.

Fais attention à toi, mon fieu, quand on la perd, on ne la retrouve pas !

CORNIQUET.

Je l'ai si bien perdue que j'ai oublié de vous inviter à ma fête.

BARDOU.

Te vois ben que ça n'm'a pas empêché d'y v'ni ! J'ons voulu te faire eune surprise.

CORNIQUET.

Et une bonne, on peut le dire ; mais, passons donc à table; nos amis pourraient s'étonner de notre absence.

GOULU (*riant.*)

D'autant que le parrain doit avoir besoin de se garnir le porte-pipe !

BARDOU.

Oh ! la moindre des choses... un peu d'pain, d'fromage, une bonne verrée d'vin, c'est pus qui n'en faut.

CORNIQUET.

Du fromage ! Vous oubliez donc, parrain, que je suis immensément riche, que je roule sur l'or ?...

BARDOU.

J'savons ben que t'as gagné le gros liméro !.. et c'est pour ça que j'venions te demander de m'acheter une vache, passe que la nôt' vient d'mouri, en donnant l'jou à son viau, alors....

CORNIQUET.

Venez, parrain, vous aurez tout ce qui vous manquera ; nous en parlerons demain ! Venez aussi, les amis, et aujourd'hui, de la gaîté, de la joyeuse humeur !

Tubleu !.. comme dit le Baron, on ne trouve pas tous les jours cent mille francs ; il faut en profiter ; donc, profitons-en, et à table ! *(Il sort en entraînant Bardou.)*

GOULU.

Encore manger !... c'est désolant ça !

ANTOINE.

Bah ! puisqu'il y a zà boire avec, que cela fait compensation. *(Ils sortent.)*

SCÈNE V.

PIERRE.

(Costume de laquais ; il a la figure noircie, gants de coton blancs. Il entre en se causant à lui-même, et s'arrête au milieu de la scène, face au public...)

Le Général n'arrive pas ! v'là trois heures que je fais faction sur le balcon, et pas plus de Général que de tabac dans ma tabatière... J'en aurais, que je n'en prendrais pas, vu qu'il m'est défendu de me moucher à cause que je ne suis pas bon teint. Je remplace Baptiste, le nègre ;... je sais bien que ça va me rapporter un bon pourboire,.. mais, c'est égal, je ne suis pas dans ma sphère sous cette livrée ; ça m'humilie,... et puis, ça altère !.. Voyons donc un peu, du côté de l'office, s'il n'y aurait pas moyen de pincer une glace à la vanille !... Qui ne risque rien, n'a rien ! et Cunégonde, mon épouse, n'y verra que du feu, à la glace. *(Il va sortir quand entre Grosbec.)*

SCÈNE VI.

GROSBEC, PIERRE.

GROSBEC *(cigare à la bouche.)*

Baptiste! *(Pierre se retourne.)* Tu vas faire servir du

punch à tous les cochers. *(Pierre s'incline.)* Donne-moi du feu. *(Pierre fait signe qu'il en manque.)* Alors, vas-en chercher !.. animal ! *(Il s'assied.)*

PIERRE *(à part, vexé.)*

Animal ?... voilà la livrée, la voilà !... Plus souvent que je vas t'en apporter du feu... animal !..

GROSBEC *(se retournant.)*

Eh bien !...

PIERRE *(sursautant.)*

J'y cours, mon prince ! *(Il sort.)*

SCÈNE VII.

GROSBEC *(assis.)*

Drôle de fête !... Où diable le Baron a-t-il pêché ses invités ? Il est vrai que bonne table et bons vins rachètent bien des choses !.. En somme, c'est une petite affaire de dix mille francs, traitée de la main à la main, à table,.. c'est charmant, en définitive, c'est charmant !

SCÈNE VIII.

GROSBEC *(assis)*, CORNIQUET, GOULU, ANTOINE, BARDOU, EUSTACHE, FISCHMAL.

EUSTACHE *(de droite.)*

Eh ! mais, c'est M. Grosbec !.. Où vous cachez-vous donc, cher ami ?

GROSBEC *(sans bouger.)*

J'attends du feu.

FISCHMAL.

Nous allons, si vous le voulez bien, passer au fumoir!

GROSBEC.

Ma foi, non ! je ne bouge plus d'ici, cela gênerait ma digestion. Je vous demanderai du thé.

EUSTACHE *(appelant.)*

André ! *(André paraît.)* Servez le thé ! *(André salue et sort.)* — *(A Grosbec.)* Alors, nous dresserons ici la table de jeu ?

GROSBEC.

Comme vous voudrez !... Il n'est pas tard, rien ne presse !

EUSTACHE *(à Fischmal, bas.)*

Au contraire !

CORNIQUET *(de gauche.)*

Vous nous attendiez, Messieurs ? Recevez mes excuses, et permettez-moi de vous présenter M. Bardou, mon parrain, qui vient prendre part à mon bonheur. *(On salue.)*

BARDOU *(saluant.)*

Ben vot sarviteur, Messieux ! C'est un bon garçon, mon fieu, et qu'est digne de l'amitié de parsonnes aussi honnêtes que vous ! *(On salue.)* Aussi, que je m'ai dite, faut allai li dire un p'tit bonjou à c' t'éfant, ça l'y fra plaisi, et à mé itou !

CORNIQUET.

Parrain, je vous présente Messieurs mes amis.... Le docteur Fischmal !... *(Saluts.)*

BARDOU.

Ça, c'est un bon métier,... surtout dans les épidémies ! *(Saluts.)*

CORNIQUET.

M. Grosbec, banquier !... *(Saluts.)*

BARDOU.

Ça, c'est core un bon métier ! Seulement, c'est les outils pour l'apprendre qui sont rares !

GROSBEC *(sérieux.)*

Mon cher Monsieur, l'honnêteté est l'un des principaux outils de notre métier, comme vous dites !

BARDOU *(saluant.)*

J'vous créyons ben, mócieu, et c'est c'que j' m'ai dite ben des fois, passeque.... l'honnêteté, et ben avé ça,.. on passe partout, dà ! T'entends, mon fieu !

CORNIQUET.

M. le baron Eustache de ....

BARDOU *(saluant.)*

Oh !... si jeune, et déjà Baron ?... ça, c'est beau m'sieu ! c'est ben beau. Et je vous saluons ben !...

CORNIQUET.

A présent, Messieurs, pendant que nous allons savourer notre thé, je vais vous présenter : Il Signor Bécarre, chanteur de grand talent, qui va nous régaler de ses roulades. Asseyons-nous ! *(On s'assied. Bardou manque sa chaise, et tombe assis par terre. On rit discrètement.)* Bon, le parrain qui en fait une roulade ! *(Il l'aide à se relever.)* Du mal, parrain ?

BARDOU.

Au contraire ! mon fieu, mais, vois-tu, ça glisse partout icite.... Tout est glacé, au vernis ciré, dà !...

GOULU *(qui inspecte un fauteuil.)*

C'est des sièges brévetés s. g. d. g. !

BARDOU.

Ah ! j' m'ai toujou demandé ce que ça voulait dire s. g. d. g. !

ANTOINE.

Que c'est bien simple, pourtant ! Que ça signifie : *S*ans *g*arniture *d*u *g*oulot !

TOUS *(riant.)*

Ah ! bravo !... parfait !... Ah, ah, ah !...

EUSTACHE.

A la bonne heure donc ! De la gaîté. *(Appelant.)* André ! *(André paraît.)* Sers le champagne ! *(André salue et sort.)*

CORNIQUET.

C'est ça ! du champagne ! Vive le champagne !

ANTOINE et GOULU.

Vive le champagne !

CORNIQUET.

Et du rhum.... Ça me porte bonheur, le rhum !

GROSBEC.

Et quand Il Signor Bécarre doit-il paraître céans ?..

SCÈNE IX.

LES MÊMES, BÉCARRE *(en costume.)*

BÉCARRE.

Mé voici, Messeignours ! *(Il salue.)*

TOUS.

Ah ! bravo ! bravo !!

BÉCARRE (*sautillant.*)

Gazeons qué zé souis en rétard ! On sé m'arrace dé tous côtés à la fois ! Zé çante lé matin, zé çante lé tantôt, zé çante lé soir, zé çante la nouit, zé çante en manzant, en buvant, zé çante sans cesse et touzours !

EUSTACHE.

Comme noblesse, célébrité oblige !

BÉCARRE.

Zé beaucoup de talent, z'en conviens, mais, c'est bien monotóne dé touzours çanter.

GROSBEC.

Aussi bientôt aurez-vous fait fortune !

BÉCARRE.

Grâce à vous Messeignours ! à vos libéralités, à vos zénérosités ! Mais, si vous le permettez, zé vais dé souite çanter mon couplet, car zé souis attendou dans une heure cez la marquise de La Toupinière, en ses salons du Faubourg St-Zermain !

CORNIQUET.

Alors, un verre de champagne d'abord... A la santé de mon parrain ! (*On trinque.*)

EUSTACHE (*levant son verre.*)

A notre amphitryon !... (*On boit.*) Maintenant, Il Signor Bécarre, vous avez la parole. Écoutons, Messieurs !

BÉCARRE (*se fouillant.*)

Mon diapason,... gazons qui zé l'ai oublié cez lé comte dé Vertoupet... ou bien cez la baronne de Tirlabuze,... peut-être cez le duc de Laroce-Tassée !... Eh non, le voici !... Voyons mon la. *(Il le donne.)* La, la, la. *(Il fredonne quelques arpèges.)* La voix est bonne ! Voilà, Messignours, z'y souis !.. Zé vais çanter pour la 1re fois le pétit boléro : d'Il Signor Trombolino, paroles et musique dé votre servitour ! *(Il salue et sort pendant la ritournelle.)*

CHANSON. — Boléro.

(Il rentre. Parlé.) Perdonnates Sig nors zé souis Trombolino, etc... *(Au chant.)*

Chant.
Zé vous en fais la con - fi -
den - - ce, C'est ou - ne per-le, oun tré- so-
ro, Per Bac-cho! que mon É- mi-

nen - ce, Il Si - gno - ré Trom-bo- li-
no, Il Si-gno - ré Trombo - li -
no.
ff

f

Zé suis d'une il-lus-tre fa - mil - le,

tr tr

Mes parents étaient fort cos - sous,

Un zour pour u- ne pec- ca - - dil - le N'ont-ils
pas é - té tous pen - - - dous? N'ont-ils
pas é - té tous pen - dous?
f

REFRAIN.

Zé vous en fais la confidence,
C'est oune perle, oun trésoro,
Per Baccho ! que mon Éminence,
Il Signoré Trombolino !

1er COUPLET.

Zé suis d'une illustre famille ;
Mes parents étaient fort cossous.
Un zour, pour une peccadille,
N'ont-ils pas été tous pendous ?

(Au refrain.)

2me COUPLET.

Zé puis être un caissier modèle,
Car zé n'ai zamais su voler ;
Mais, zé mets dans mon escarcelle
Tout l'arzent que zé vois traîner.

(Au refrain.)

3me COUPLET.

Zé suis, de plus, un homme habile,
Car zé connais l'art d'écorcer,
De la façon la plus zentille,
Les zens sans les faire crier.

(Au refrain.)

4me COUPLET.

Dans une scène mousicale,
Z'eus, un soir, un si grand succès,
Que tout le public de la salle
M'applaudissait... huit zours après.

REFRAIN.

Zé vous en fais la confidence,
C'est oune perle, oun trésoro,
Per Baccho !... que mon Éminence,
Il Signoré Trombolino !

TOUS *(on applaudit.)*

Bravo ! bravo ! magnifique !

BÉCARRE *(saluant.)*

Messignours, vous mé comblez ! Sur cé, zé me retire et cours de cé pas cez Me la Marquise ! *(Il salue et sort en sautillant. On applaudit de nouveau. Il reparaît et danse le pas suivant.)*

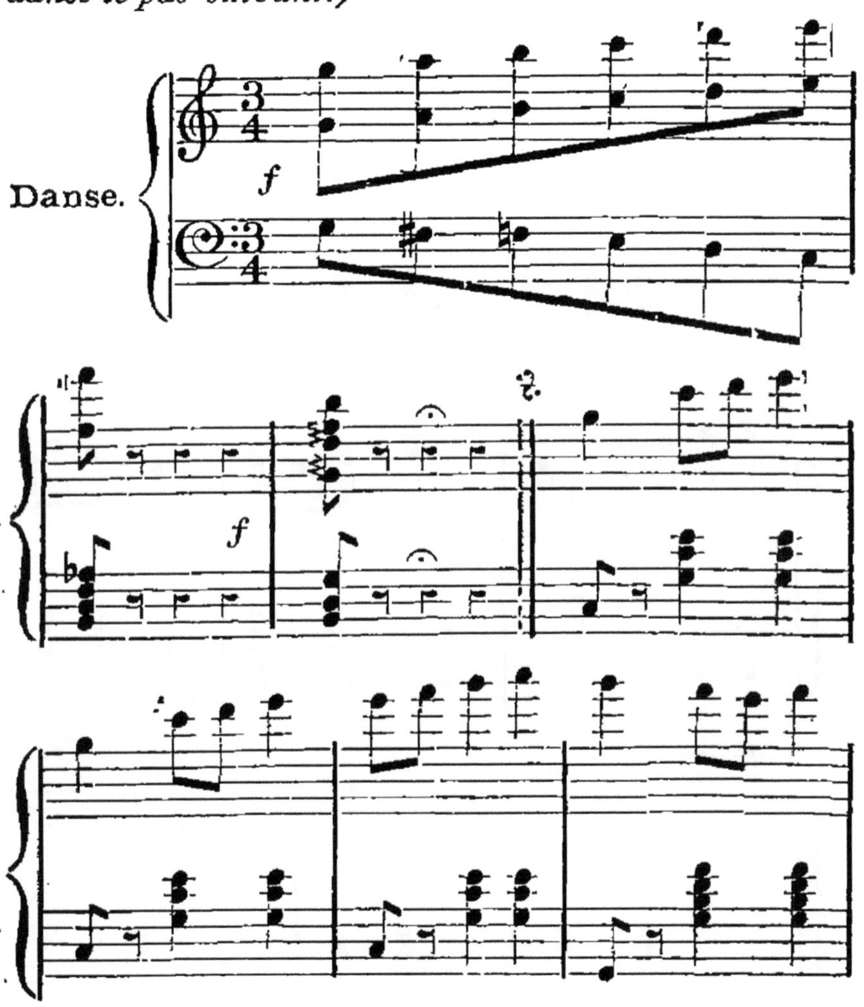

Coda

f Coda

f
CODA.
f

SCÈNE X.

LES MÊMES, moins BÉCARRE.

ANTOINE.

Que voilà z'un particulier qu'il a de belles ritournelles dedans le canal verbal !

BARDOU.

Un vrai rossignol, quoi !

GROSBEC.

Messieurs, je propose de tailler un bac.

EUSTACHE et FISCHMAL.

Adopté. *(A part.)* Enfin !

CORNIQUET.

Messieurs, je confesse que ce jeu m'est totalement étranger.

GROSBEC.

Lequel préférez-vous ?

CORNIQUET.

Je ne connais que l'écarté.

BARDOU.

Moué, je n'ons jamais joué qu'au domino.

GOULU.

Le piquet, ça me connaît, moi !

ANTOINE.

Moi, que je ne sais que le jeu de l'oie !

GROSBEC.

Je constate, Messieurs, que chacun de nous possède un jeu différent !...

CORNIQUET *(riant.)*

Et qu'il ne possède que cela, vu que mon caissier et ami ne nous a pas encore compté...

FISCHMAL.

Les espèces ?... C'est vrai, je réparerai à l'instant... *(A part.)* Il ne perd pas le nord, le savetier.

CORNIQUET.

Cela ne presse pas, mais, pour jouer, il faut de l'argent...

FISCHMAL *(tendant la main à Grosbec, qui sort de sa poche le portefeuille.)*

Voici votre bien...

GROSBEC *(le passe de l'autre main et le remet à Corniquet.)*

Prenez, mon ami, ce portefeuille vous appartient.

FISCHMAL (*bas à Eustache.*)

Manqué ! C'est à refaire !

CORNIQUET (*ébloui.*)

Ah ! Oh !... Tout ça est à moi ? Oh ! que c'est doux à toucher des billets de banque !. . .

BARDOU.

N' frotte point si fort, men fieu !. . . Ça s' déchire !.. Et tâche d'en avoi ben soin, et de les conomisai, passe que, vois-tu ben, la conomie, c'est une vartu, dà !

GROSBEC.

Voilà qui est bien dit, brave homme ; mais, rassurez-vous,nous ferons petit jeu, histoire de passer une heure, seulement à cinq louis la fiche !. . .

ANTOINE, GOULU, BARDOU.

Cinq louis ?...

CORNIQUET.

Parbleu !. . . Cinq louis, une misère, je paie pour vous, mes amis !. . .

EUSTACHE (*bas à Fischmal.*)

Cette salle de jeu improvisée ne me convient guère !.. Et pas de signal ! Je suis très perplexe !... Mais dissimulons !

GROSBEC.

Que vous dites-vous donc à l'écart, Messieurs? Nous faut-il vous céder la place ?. . .

FISCHMAL (*embarrassé.*)

Pardon, notre ami Eustache me disait que nous sommes des ingrats !..

TOUS.

Oh !...

EUSTACHE *(même jeu.)*

Et je le répète, certes, je déteste les louanges,... mais vous ne m'avez pas encore dit un mot de compliment à moi, l'organisateur de cette fête... Vous avez raison, car vous n'avez encore rien vu auprès de la surprise que je vous réserve tout-à-l'heure.

CORNIQUET *(buvant.)*

Encore une surprise ?... mais, c'est un Éden que cette maison !... *(On s'est placé à la table, ramenée au milieu. Grosbec a donné les cartes. Antoine et Goulu versent le champagne.)*

SCÈNE XI.

LES MÊMES, PIERRE.

PIERRE.

Pardon, Messieurs, si je m'immisce...

EUSTACHE.

C'est le Général ?..

TOUS.

Le Général ?...

PIERRE.

Pas encore, Monsieur... C'est le... *(Il imite la sonnerie d'un timbre.)*

EUSTACHE *(à part.)*

Enfin ! *(Haut.)* J'y vais. *(Aux invités.)* Je comprends,... c'est le commencement de la surprise.

GROSBEC.

Allez, Monsieur Eustache !.. *(Aux autres.)* Jouons-nous, ou ne jouons-nous pas ?

FISCHMAL.

Faites le jeu, cher ami,... je tiendrai celui d'Eustache.

EUSTACHE.

C'est cela ! Dans un instant, je suis à vous ! *(A Pierre.)* Viens, Baptiste... *(Pierre ne bouge pas.)* Eh bien ! es-tu sourd ? *(Il sort.)*

PIERRE.

Voilà ! voilà !. *(En sortant, à part.)* C'est vrai ça, j'oublie toujours que je m'appelle Baptiste. *(Il sort.)*

SCÈNE XII.

LES MÊMES, moins EUSTACHE et PIERRE.

ANTOINE.

Gagçons que l'on va t'avoir les marionnettes.

GOULU.

Ou ben Robert-Boudin ?

BARDOU.

Si c'est possible, mi j'demandons à voir Mocieu Paulus.

FISCHMAL.

Fiez-vous au bon goût de notre ami Eustache ! C'est le maître en l'art d'étonner !

GROSBEC.

Allons-nous enfin commencer le jeu ?...

FISCHMAL.

Tout à vous, cher ami ! *(Il s'assied.)*

CORNIQUET *(riant.)*

Messieurs, méfiez-vous !.. la chance m'est propice,.. je vais vous gagner sans pitié !.. *(On joue.)*

ANDRÉ *(du fond, une lettre sur un plateau.)*

Pour M. le docteur !..

GROSBEC.

Allons, bien, encore ?..

FISCHMAL *(la prenant.)*

Vous permettez, Messieurs ?..

GROSBEC.

Faites,... mais vite !!

FISCHMAL *(dans un angle de la scène, lisant bas..)*

Mon père nous attend à Bruxelles... passez par la serre, grimpez dans la voiture de Grosbec, son cocher est gris. J'ai pris sa houppelande et sa place sur le siège, nous serons en deux temps à la gare.

Trouvez le moyen d'enlever le portefeuille !.. Vous avez deux minutes pour cela ! *(A part.)* Deux minutes, diable !. *(Il réfléchit.)* Signé : Eustache !

CORNIQUET.

Eh bien ! cela va-t-il ?

FISCHMAL.

A ravir !... Nous allons être débordés dans un instant !.. C'est le chef des artificiers qui me demande.

BARDOU.

Un feu d'artifice à c't'heure ?...

FISCHMAL.

Dans le parc ; mais plus tard, ce sera le bouquet ! Jouez donc sans moi !.. je reviens dans un instant !... le temps de placer la musique de la Garde... *(Frappant sur ses poches.)* Allons, bien, j'ai ma bourse dans mon pardessus... *(A Corniquet.)* Cher ami, donnez donc quelque chose,.. les employés,.. porteurs, manœuvres, sont là, un régiment !...

CORNIQUET.

C'est trop juste, ces pauvres diables qui travaillent, quand nous nous sablons l'Aÿ. *(Donnant le portefeuille.)* Tenez, voici notre bourse,.. donnez raisonnablement,.. que tous soient contents,.. que la fête soit superbe,.. et... et.. que vous reveniez bien vite !

FISCHMAL.

Comptez sur moi !.. *(A part, en sortant.)* Enlevé !...

SCÈNE XIII.

LES MÊMES, moins FISCHMAL.

GROSBEC *(appelant.)*

André !... Baptiste !.. du feu par la morguenne !!

BARDOU.

Oserai-je t'y vous offri mon briquet ?..

GROSBEC.

Merci !... je veux laver la tête à ces drôles !..

CORNIQUET.

Que diable peuvent-ils faire, ces coquins-là ? *(Appelant.)* André !

ANTOINE.

Qu'ils aident à préparer la surprise, ben sûr !!

CORNIQUET.

C'est possible,... mais le nègre Baptiste ?.. *(Pierre paraît du fond.)* Le voici justement !

SCÈNE XIV.

LES MÊMES, PIERRE.

PIERRE *(mouchoir en main.)*

Messieurs, excusez, si je m'immisce. *(Éternuant.)* Atchiun !!! Je n'y tiens plus sur le balcon, et je crois bien que le Général ne viendra pas à c't'heure-ci !.. *(Éternuant.)* Atchiun !! J'ai pincé un fameux rhume, là-dessus !! *(Éternuant.)* Atchiun !! C'est Cunégonde qui va m'en dire ! *(Il se mouche et son nez paraît veuf de noir.)*

CORNIQUET *(le voyant.)*

Qu'est-ce que c'est que ça ?...

TOUS *(le désignant.)*

Oh !.. Ah !...

CORNIQUET.

Dieu me pardonne, c'est Pierre !

PIERRE.

En personne naturelle, sauf le costume !.. *(Éternuant.)* Atchiun !!

CORNIQUET.

Que demandez-vous, M. Pierre ?

PIERRE.

C'est une carte, qu'un Monsieur m'a chargé de remettre à M. le Baron !.. *(Éternuant.)* Atchiun !!. Non, c'est épouvantable ces choses-là ! je m'en vais prendre quelque chose ! *(Il sort.)*

CORNIQUET *(lisant la carte.)*

M. Dubac, Commissaire de police.

TOUS.

Le Commissaire de police ?

CORNIQUET.

Qu'est-ce que ça signifie ?.

SCÈNE XV.

LES MÊMES, LE COMMISSAIRE.

LE COMMISSAIRE *(saluant.)*

Désolé de troubler votre fête, Messieurs, mais, il faut que je parle à M. le Baron !

CORNIQUET.

Le Baron ?... Monsieur son fils était là il n'y a qu'un instant.

LE COMMISSAIRE.

Partis !... c'est impossible. *(Parlant au fond.)* Fouillez la maison !... Que l'on garde les issues !.

GROSBEC *(se levant.)*

M. le Commissaire, notre jeu n'a rien de suspect,.. comme vous pouvez voir !..

LE COMMISSAIRE.

Il ne s'agit pas de jeu, Messieurs, je dois arrêter le Baron, son fils et leur complice, un nommé Fischmal, pour escroquerie et faux en écriture privée.

TOUS.

Ah !...

CORNIQUET.

Qu'entends-je ?... pour escroquerie, est-ce possible ?... J'y songe, et ce Fischmal qui a mon portefeuille !...

LE COMMISSAIRE.

Vous êtes volé, Monsieur !!

TOUS.

Volé!.. courons !.. *(On se lève.)*

SCÈNE XVI.

LES MÊMES, PIERRE.

PIERRE.

Inutile de vous déranger, Messieurs, les oiseaux sont envolés !

TOUS.

Partis !...

PIERRE.

J'ai bien vu ça de mon balcon, ousque j'étais en vedette, à cause du Général !.. Ils ont pris la voiture de M. Grosbec ; et comme nous sommes à trois minutes de la gare...

GROSBEC *(tirant sa montre.)*

Et qu'il est l'heure du train rapide...

LE COMMISSAIRE.

Nos gaillards roulent vers la frontière !..

PIERRE.

Ils ont filé par la petite porte du jardin, qui est encore ouverte.

LE COMMISSAIRE *(à part.)*

Et moi qui gardais la façade !.. Désolé de ce qui vous arrive, Messieurs ; veuillez vous rendre au commissariat ; mon secrétaire recevra votre déposition. Moi, je cours à la piste de nos fuyards !.. *(Il salue et sort.)*

SCÈNE XVII.

LES MÊMES, moins LE COMMISSAIRE.

CORNIQUET *(atterré.)*

Volé !... je suis volé !....

GROSBEC *(tranquillement.)*

C'est une infamie !..

BARDOU.

Ca d'vrait être défendu ça !..

CORNIQUET.

Ruiné !... rien,.. plus rien !... Et je lui confie bêtement ce portefeuille !

GOULU.

Ils connaissent leur métier !

ANTOINE.

Si que c'est la surprise qu'ils nous ménageaient !.

GROSBEC.

Nous allons, sans perdre de temps, déposer notre plainte.

BARDOU.

C'est point ça qui m'achètera une vache à c't'heure !

CORNIQUET.

Tout à payer à présent, et rien, pas un sou !

BARDOU.

C'est-y qu'on nous mettrait en prison ?...

GROSBEC.

Remettez-vous, braves gens ! je me charge des frais de cette fête.

CORNIQUET.

Vous, Monsieur ...

GROSBEC.

Moi !... Je ne veux point profiter des honoraires prélevés sur votre gain ; je paierai tous vos fournisseurs, et ce qui restera des dix mille francs vous sera remis !

CORNIQUET.

Allons, j'accepte, puisque je ne peux pas faire autrement ! Mais, vous savez, Monsieur, si jamais vous avez besoin d'une bonne paire de chaussures, je veux vous la faire moi-même !... Et... puisque c'est fini,... puisqu'il était écrit que je ne devais pas être riche... plus d'un jour... eh bien ! dès demain, je retourne à l'établi !

GROSBEC *(lui serrant la main.)*

Bien dit, garçon !... Il ne faut jamais désespérer de l'avenir ! Peut-être que, plus tard, vous serez riche pour toujours, cette fois ! D'ailleurs, je ne vous perdrai pas de vue. Allons, allons, bon espoir et bon courage ! ! !

ANTOINE *(à Goulu.)*

C'est égal !... ces honnêtes genss que c'était de fameux fripons.

(Rideau.)

FIN.

LILLE, IMP. DESCLÉE, DE BROUWER ET Cie.

MÊME LIBRAIRIE :

PIÈCES SPÉCIALES POUR JEUNES GENS

QUAND ON CONSPIRE !

Opérette-bouffe en 1 acte, par Antony Mars (Musique de Pierre Devos), in-18 raisin....., 1 fr.

LE VOYAGE A BOULOGNE-SUR-MER

Comédie en 2 actes (Chants et musique.)..... 80 c.

LES CRAMPONS DE SAUVETAGE

Comédie en 4 actes, par l'auteur du *Voyage à Boulogne-sur-Mer*, in-18 raisin (Chants et musique)... 80 c.

LE SIRE DE DORCHES

Drame en 3 actes, par Oselma, (Musiq. et accompag. par M. Thédo. 1 fr.

SOPHOCLE, PHILOCTÈTE

Tragédie en 3 actes, traduite en vers par Gaston Cheneau... 1 fr.

LE RELIQUAIRE DE L'ENFANT ADOPTIF OU LE CHATIMENT DE L'USURIER

Drame en 4 actes, par Stéphane Dubois (Chants et musique). 80 c.

UN ENFANT DU SIÈCLE

Comédie en 3 actes, par le même auteur...... 80 c.

LE DERNIER ONCLE D'AMÉRIQUE

Comédie en 2 actes, par Cassien de Kermadec. 80 c.

DÉLASSEMENTS DRAMATIQUES

par M. Lebardin, avec musique des couplets.

Six pièces : *Jeunes Captifs*, *Retour des Colonies*, *Touristes*, *Expiation*, *Qui trop embrasse mal étreint, ou une veille de distribution de prix*, *Départ pour la Californie*. Ensemble...... 4 fr.

Chaque pièce séparément.. 80 c.

Pièces comiques par de Grandmorin

MILLE ET UNE DISTRACTIONS DE M. DU SONGEUX

Deux actes........ 80 c.

Mésaventures de M. Godichon ou l'Antiquaire désabusé

Un acte.................... 1 fr.

Rira bien qui rira le dernier, ou le trompeur trompé

Un acte...... 80 c.

L'HOMME QUI BAILLE ET LE MÉDECIN

Fantaisie-dialogue............ 50 c.

www.ingramcontent.com/pod-product-compliance
Ingram Content Group UK Ltd.
Pitfield, Milton Keynes, MK11 3LW, UK
UKHW020323220726
13923UKWH00003B/1326

9 782019 304010